生命因你而改变

Make a Difference

力克·胡哲8堂人生蜕变课

何国伟&阿丁 编著　芝麻羔 绘

甘肃人民美术出版社

图书在版编目（CIP）数据

生命因你而改变 / 何国伟, 阿丁编著；芝麻羔绘
. -- 兰州：甘肃人民美术出版社，2017.8
ISBN 978-7-5527-0497-6

Ⅰ.①生… Ⅱ.①何…②阿…③芝… Ⅲ.①胡哲，
N.—生平事迹②成功心理—通俗读物 Ⅳ.
①K836.118.6②B848.4-49

中国版本图书馆CIP数据核字(2017)第134107号

生命因你而改变

何国伟　阿　丁　编著　芝麻羔　绘

出 版 人：王永生
责任编辑：朱　珠
校　 对：张家骝
封面设计：青橄榄文化

出版发行：甘肃人民美术出版社
地　　址：兰州市读者大道568号
邮　　编：730030
电　　话：0931-8773148(编辑部)
　　　　　0931-8773112(发行部)
E - m a i l：gsart@126.com

印　　刷：北京天宇万达印刷有限公司
开　　本：889mm×1194mm　1/24
印　　张：4
字　　数：30千
版　　次：2017年8月第1版
印　　次：2017年8月第1次印刷
印　　数：1～8 000
书　　号：ISBN 978-7-5527-0497-6
定　　价：39.80元

如发现印装质量问题，影响阅读，请与印刷厂联系调换。

献 给

_____

_____

目录

关于力克·胡哲

力克·胡哲（Nick Vujicic），1982年生于澳洲，天生没有四肢，生命一起航便困难重重，然而他用一颗感恩的心，以积极的人生态度及智慧，一一克服了生活中的难处，并游刃有余地使用其仅有的"小鸡腿"（左脚掌的两个趾头），活出了一曲生命的颂歌。

现年三十五岁的力克，已经取得财务策划及会计双学位，九年前在美国创立了慈善机构Life Without Limbs，曾走访五十多个国家并举行讲座，与逾百万不同种族、不同信仰的人士分享他的生命见证。2013年年初，力克与妻子宫原·佳苗（Kanae Miyahara）生下第一个儿子，2015年他们迎来了第二个小生命，肩负起父亲角色的力克，人生又展开了一段新里程。

力克接受世界各地媒体访问时说过这样一段话："人们时常埋怨这也没有那也不能，假如我们只想着那些生命中从来不曾拥有却一心希望得到的东西，现实并不会改变；关键是我们必须要专注，全力以赴，才可成功。"

关于《生命因你而改变》

时光荏苒，与励志演说家力克·胡哲一起结伴同游世界，在各地举办布道分享会的旅程，转眼已踏入第十年。在一起服侍的这些年里，我亲眼见证了力克通过其铿锵有力的心灵蜜语，无数次令听众动容，重燃人生希望，重拾人生力量。

毋庸置疑，这是一个物质极大丰盛的年代，然而在今天的社会上，仍然有很多年轻人隐蔽在人生某个暗黑的角落，找不到人生的价值、意义和目的，也缺乏追寻理想的动力和意志力。孩子在成长的旅途中不免会跌跌撞撞，有些在犯错或担惊受怕之后，迷失了方向，对未知的将来畏缩却步。

年轻的一代在互联网世界长大，利用社交网络便可轻易成为网上朋友。可是，请不要忘记，在现实生活中，我们清楚可见，很多孩童因其本身不同的弱势状况而在社会上遭到不同程度的欺凌与侮辱。一旦被主流世界认定为异类，就会不幸地被排挤和欺负，这种连成年人也会感到难堪的糗事，我们怎么能够忍心让孩子无助地单独面对和承受呢？

力克天生肢体缺陷，是他无法回避的事实。在成长过程中，他不断被耻笑为异类，饱受过无数次被欺凌的痛苦，长久迷失在童年的阴霾之中，甚至曾可怜地萌生自杀的念头。幸而，骨子里勇敢的他慢慢地学会了拨开云雾，给自己建立信念，并付诸行动去克服困难，继而找到活着的意义。

正如力克所言，我们都要拥有信念，发现自己的生命价值、个人才干、人生目的，更重要的是相信上帝的爱，相信他会掌管你的人生。而力克所经历的一切，证明了内在信念与态度是人生走向的关键，并非外在因素及环境决定命运。

本书是系列绘本的第四部。

第一部《亲爱的，给我一个拥抱》，细说力克由成长至成婚的感人故事。

第二部《拥抱大梦想》，分享力克决心成为演说家的历险故事。

第三部《神采飞扬》，阐述力克超越人生极限，在信仰上得力的心灵故事。

第四部《生命因你而改变》，描述力克由孤独自怜到坚韧自强的蜕变故事。

《生命因你而改变》细述了一个胆小鬼变成小巨人的历程，力克是如何做到的呢？本书从八个方面讲述了力克在成长过程中所体会到的人生哲学和理念：他遭遇过什么样的欺凌对待，又怎样调整自己的心情和态度；内心的信念与坚持，不受外在缺陷的困扰，在成长的路上一步步蜕变。力克不仅改变了自己，还透过环球演讲，给世界上很多身体受伤、人格上受歧视的人莫大的鼓励。

像力克一样，我们每个人都要相信
自己——生命因你而改变！

生命是一份宝贵的礼物，我由衷盼望，通过绘本里力克的人生故事，父母和师长可以启发孩子珍惜这份上天对每个人的赐予，学会拥抱生命的一切，即使面对难关也微笑面对，无论大人还是小孩，都要热爱人生、感恩所有。

何国伟
乐苗基金创办人

第一章
被蚊子欺凌的可怜力克

"呃……天！我的脸蛋啊……"

"呃、呃……天！我的脖子啊……"

"呃、呃、呃……天！我的小鸡腿啊……"

"一口、两口、三口……蚊子真是可恶极了，我被叮了好多好多口啊……"

"好痒……好痒……痒死人了……"

当——当——当——

上课钟声响起来。

课间休息结束，下一节课就要开始了。
刚才整个课间休息都一直躲在学校后花园树丛中的
力克，赶紧驾着自己的轮椅回教室。

可是，因为他从头到脚都奇痒难耐，
像是有密密麻麻的小蚂蚁在身上爬
来爬去，所以他每走几步，便要停
下来扭动身躯来止痒，而且以轮
椅代步，从后花园回到教室免不
了要花很长时间。

教室里，同学们都陆陆续续回到自
己的座位上坐好了。

紧接着，老师准时出现在教室里。

同学们见老师托了一下眼镜，知道他要准备开始讲
课了，大家都鸦雀无声。

老师瞄了一眼，发现有一个座位空着，问道："这
个位子怎么空着呢？这个同学……是力克吧？他今
天来上学了吗？"

"是的，是力克，他来了！可是，课间休息之后，就没见他回到教室来。"班长礼貌地回答老师。

"不会出了什么事吧？有没有同学在课间休息时跟他在一起或看见过他？"老师问。

同学们都摇头。

忽然，有同学在座位上起哄，大叫道："力克嘛，呵呵呵，他是手脚太慢了吧！啊……不不不！他是没手没脚啊！"

"嘿嘿……" "嘻嘻……" "哈哈……"

整个教室顿时吵嚷成一片，嬉笑声不断。

老师不禁喊道："安静！"

就在这时，力克终于出现在教室
门口。

他耷拉着头，连忙向老师和同
学们道歉："对不起，我
迟到了。"

然后，他驾着轮椅缓慢
地回到自己的座位上。

坐在他旁边的男生，正是刚才大声起哄的同学。

一见力克回到座位，他便向力克做了个鬼脸，又故
意讥讽力克："真是笨手笨脚！不，我说错了！你
没手没脚！"

老师看见力克已回到座位，也不耽误时间，开始

讲课。

整堂课力克都心不在焉，老师的话一句也没听进去。

一来，他从头到脚
都被蚊子叮咬过，
皮肤痒得不行，
却又挠不着痒处。
二来，刚才被邻座
的同学羞辱，一直
如骨鲠在喉，却又
无从申诉。
为什么我会如此
可怜呢？
蚊子欺负我，同学也嘲笑我。
呜……呜……呜……

眼泪往心里流……

终于挨到了下课的时间。

早就想找个洞钻进去的力克，

赶快收拾书包，准备放学尽快

回家去。

力克心想，今天真是太倒霉了！

我们每个人都是不一样的

在这一天里，力克两度被欺凌！

首先，课间休息的时候，他躲在学校后花园的树丛中，不料被蚊子欺负，皮肤被叮咬得红肿。然后，回到教室里，他又被邻桌的同学欺侮，被取笑得够惨。

大家都有过被蚊子叮咬的经历吧，奇痒难耐，我们一般人可以用手抓痒，可是天生没有双手的力克却挠不着痒处，你可以想象他有多难受吗？

而力克课间休息后回到教室又迟到了，当然是他的不对，所以他跟老师和同学们道歉。然而，力克邻座的同学却还是用言语对力克进行人身攻击，笑话他没有双脚，所以迟到了，这话力克听在心里，你知道他有多难堪吗？

我们有手去挠痒，看起来是一件理所当然的事。

我们有脚去走路，看似也是一件轻而易举的事。

可是力克却跟有手有脚的我们不一样。

其实，世界上的每一个人都是不同的，就算同样有眼、耳、口、鼻，也会因为形状大小不同而看上去样貌不一样。

更重要的是，我们每个人都可以因自己的潜能而发展所长，即使今天你的专长还未展现，但只要拥有梦想和信念，将来你一定也可以施展出自己与众不同的才华。正如力克，现在他已超越了手脚所限，经常周游世界各地，成为环球知名的励志演说家。

所以，请记住：不要因为自己现在跟别人不一样而感到自卑，不要把自己隐藏起来；你应该去尝试发现自己与众不同的专长，做自己喜欢的事，这样你便会找到自己存在的价值，也会因此而感到自信和快乐！

因你而改变的小思考

· 如果你是力克的同学，你会怎样跟力克相处？

· 试想想：你跟身边的朋友或同学有什么不一样的？

· 你觉得自己是独一无二的吗？

· 假如每个人和每件事物都是一模一样的，你认为这样的世界如何？

第二章

有谁愿意跟我玩?

回到家里,妈妈见力克愁眉苦脸,也察觉到了儿子的额头、脸颊和鼻头上一片一片的红肿,于是问:"力克,你怎么啦?"

此时的力克因为脸被蚊子叮得太痒了,忍不住耸起肩、歪着头,用肩头去蹭脸。

妈妈见状,立即明白力克是被蚊子叮了,而且很严重,便追问道:"你怎么会被蚊子叮了呢?"

"课间休息的时候,我躲在后花园的树丛里。"力克羞涩地说。

"为什么要躲在那里呢？"妈妈不解。

"我在学校里没有朋友，没人跟我玩，我怕同学找到我拿我开玩笑，所以，我躲在树丛中……想不到

连蚊子也欺负我……"力克愈
说声愈小，他非常沮丧。

"啊！原来如此！"妈妈了
解到事情的因由，便鼓励力
克说，"不要光等着人家来找你玩
嘛，你也可以去结识朋友，明天尝试
先主动跟同学聊聊天吧！"

"哦。"虽然答应了妈妈，但
力克心里还是忐忑不安，他不禁问
自己，"我真的能交到朋友吗？"

第二天上学，力克记住了妈妈的话，决定勇敢主动
地跟同学搭话。

"嗨，你好吗？"力克鼓起勇气，先跟一个女同学
打招呼。

"嗨，嗨，你好啊！我知道你就是新来的同学力克！昨天课间休息后你上课迟到，怎么啦？"女生好奇地问。

嗨！

"呃……我……我……"力克想到自己因为怕被别人欺负而躲藏在树丛中，觉得羞死了，脸颊不禁红起来，被蚊子叮过的地方也在发痒……

"呀，不如今天课间休息时我们一起玩，好吗？"女同学亲切地问力克。

"嗯，好的！很高兴认识你们呢！"力克想不到同学们其实都很友善，自己终于交到朋友了！

"哈哈，听起来，你说话带有口音。"女生笑着说。

"呃……"听见女同学这么说，力克突然又慌张起来，心想：她是在嘲笑自己吗？

"听说你是从澳洲移民来美国的，我蛮喜欢听你说话的口音啊，哈哈！"女同学幽默地说。

"啊……啊……是吗……哈……"女同学突然说喜欢自己的说话口音，力克一时间语塞，难为情起来。

力克心头的大石头终于落下了，他深吸一口气，高呼："谢谢你！我终于在学校交到朋友了！"

女同学听见力克这么说，也开心地笑起来，然后跟力克一起回到教室去上课。

美好的一天，开始了！

接纳自己的与众不同

力克一家从澳洲移民到美国，遇见的人和事，都是新的。入读新的学校，力克很想结交新朋友，可是他又担心自己因为外表与众不同而被排斥、被取笑，于是，他在课间休息时一个人躲到树丛里，结果呢，被蚊子咬了好多大包！

力克躲在树丛的做法只会令自己更加孤独，这是作茧自缚。幸好妈妈发现了问题，开导力克，鼓励他要勇于主动跟别人聊天。他终于如愿以偿，话匣子就此打开了！

有趣的是，原来同学们不仅乐意与力克成为朋友，而且还特别喜欢听他说话时那种与众不同的口音！

每个人在成长之中都会经历认识自我的过程，力克最初害怕自己因为与其他人不同而不被接纳，幸好后来他克服了自我障碍，主动向女同学打招呼，最后他终于获得了友谊。想找到朋友，就自己主动去成为别人的朋友吧！

当初力克担心自己不被接纳，其实这只是心理上的恐惧。面对每一件自己觉得害怕的事情时，我们要尝试先改变自己的负面想法。力克不能跟朋友一起骑单车，但他可以与朋友聊天、下棋，甚至是踢足球！力克改变自己的想法，他抛下顾忌和忧虑，让自己先开口跟同学说第一句话，而这一点改变，让他得到了友谊！

因你而改变的小思考

- 你身边有朋友特别害羞而不敢说话吗？你会主动找他们聊天吗？
- 你是非常害羞的人吗？你心里害怕什么呢？
- 你有没有因为自己跟别人不一样而不敢结交朋友？
- 你有没有尝试过跟别人分享自己的想法？又有没有聆听过别人的感受呢？

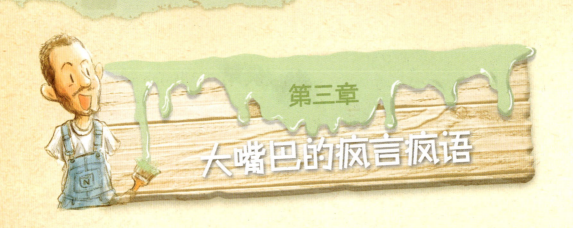

第三章

大嘴巴的疯言疯语

自从力克在学校里主动跟同学谈话聊天，交到了朋友，课间休息时他便不再躲藏在树丛中，蚊子就再也没有机会叮他了。

不过，有些同学还是会令力克感到非常头疼。在力克十三岁时，曾经有三个礼拜的时间，他经常被一个大他几岁的同学用恶语欺负。

每次碰见这个人，简直就是力克的一场噩梦！那个小坏蛋总是口无遮拦，经常在学校里胡说八道，总是在同学面前故意嘲弄力克。

"嘿，嘿，嘿，
没手没脚的力克是
怎么上厕所的呢？"

"我猜力克这怪物是不会自己小
便的！"

"力克就是没有'小鸡鸡'！"

力克感到非常难受，其他同学听见这个大嘴巴的胡言乱语后会如何看待自己？

究竟自己有什么问题？为什么他老是要说这样的话来伤害自己呢？

力克感到不胜其烦，精神大受折磨，甚至害怕得不想去上学。

真的不能够一直这样下去啊！思前想后，虽然心里战战兢兢，但力克还是决定要跟他来一次对话——摊牌！

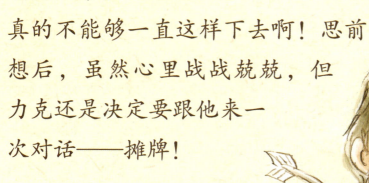

有一天，力克壮起胆子来，走到这个身形比他高大许多的同学面前，质问道：

"你为什么一而再、再而三地揶揄我？"

这个同学一直以为力克好欺负，没想到他竟然敢反过来质问自己，他顿时错愕起来，一时间没反应过来。

"你说啊！为什么要说我的坏话？"力克再次厉声质问。

显然他胆怯了，小声回答说："我不过是开开玩笑罢了……"

"你知不知道你的话伤害了我？"力克坦然说出了自己的感受。

"我……其实我只是开玩笑……我以为同学们会喜欢我说这些笑话……我……我不知道这样会伤害到你……"

原来这个同学一直都不知道自己说的坏话会伤害力克！

他终于知道自己错了，向力克道歉说："对不起！"

于是，两人最终达成和解。

无论如何，我们都不应该将快乐建立在别人的痛苦上。

对不起！

建立同理心

这个比力克大几岁的男生，在学校里拿力克来开玩笑，却不知道自己说的坏话会伤害力克，他的言语就像一把锋利的刀子，狠狠地插在力克的心上，让力克痛苦极了！

在学校里，欺凌事件经常发生，通常个子矮小的、性格羞怯的、外表看起来其貌不扬的（例如大耳朵、小眼睛）孩子，就会被当作嘲笑的对象，这正是力克的亲身经历，他因而陷入负面的情绪中。

首先，他变得非常在意自己没有手脚的身体；其次，他心里非常希望自己能变得跟别人一样；第三，他渴望结交朋友，却又担心因自己没有手脚而被人拒绝。

遭受欺凌，差点令力克对自己失去希望，认为自己的人生没有任何意义和价值。将心比心，如果被欺凌的人是自己，就会明白力克被取笑的时候有多难受了。

尤其在这个网络流行的时代，年轻人都喜欢在社交媒体上建立朋友圈，有些人以为在虚拟世界里不用负责任，便随意抨击别人，甚至恶意造谣中伤。

要记住，我们张口说话很容易，但伤害别人的话一旦说出口，就很难收回。

从今天开始，我们要注意自己的话语会不会冒犯到别人。要知道，世界上很多人的不和、怨恨、纷争，很多时候是因为缺乏同理心和谩骂而引起的。

看过力克被恶语欺凌的故事，我们也要提醒自己，要做个用言语造就人的人！

另一方面，欺凌者之所以会用言语或其他方式欺负看起来比自己弱小的人，也许是因为自卑心在作祟！他们可能以为只要威吓别人就会显出自己的强大，也会提升自己在别人心目中的地位，这其实是错误的做法。试问，有谁会真心愿意跟恶霸交朋友呢？

人与人之间要建立同理心，互相理解，彼此体谅。

因你而改变的小思考

- 你有没有当面或在网上嘲笑过别人？在嘲笑别人之前，你有没有想过对方的感受？
- 你尝过被别人说坏话的滋味吗？当听见别人说自己的坏话时，你有什么感受？
- 看到身边的朋友不开心时，你有没有尝试去了解他们的感受？
- 如果身边的朋友被欺负，你会怎样做？

第四章

力克和阿吉的一场较量

力克在学校里虽然结识了不少新朋友，但还是有些恶霸总是无时无刻不在找机会欺负别人，力克就是受害者之一。

有一天早上，高他几年级的阿吉，突然出现在力克的面前，挡住了力克的去路。

力克没有理睬他，只管将轮椅转向继续前行。

可是阿吉却死缠着，再次挡在力克的前面。

"嘿，嘿！"他装模作样地嘿嘿笑，双手插在裤袋里，身体轻佻地摆动，甚至吹起口哨来。

"请你让路。"力克沉着地跟他说。

"我就是不让！除非……你打赢我！嘿，嘿！我打赌你不敢跟我打架！"阿吉竟公然挑衅。

力克心里盘算，阿吉比自己大几岁，体型也比他高大，

跟他打架自己毫无胜算可言！

"怎么样？看来没打就已经认输了吧！嘿，嘿！"阿吉又摆出一副不可一世的嘴脸。

不知道哪儿来的勇气，力克竟然脱口而出："我当然敢打！"

听见力克应战，阿吉得意洋洋地说："那好啊！太好了！真是不自量力！今天中午，操场见！我打赌

你不敢来！嘿，嘿！"

阿吉抛下一句话，转身离开了。

力克看着阿吉那可恶的背影，心想："我真的要跟他打吗？"可是话已说出口了，他想收也收不回来了。

中午，两个人都来到了学校的操场上。

这时，围观的同学之中有个女生劝阻说："力克，别理他，不要跟他打！"

力克虽然知道没有胜算，而且心里也清楚打架是不对的，但他还是赌气应战了。

没想到，阿吉先提出了要求："你从轮椅上下来打，这样才公平。"

力克也针锋相对："你比我高大，那你跪在地上打，这样才公平。"

　　"嘿，嘿！好的！"说时迟、那时快，阿吉才跪到地上，便立即挥拳狠狠地击向力克的胸口。

　　只听"哎哟"一声！力克摔倒在地，真是痛死了！

但力克深吸一口气，立即用额头抵地，让自己的身体反弹起来。

力克心里不忿："哼！你这个欺人太甚的家伙，我已经受够你了！"

他站稳之后，便使尽浑身的力气，飞身跃起，就像个空中飞人，动作迅捷如子弹，在腾空中以迅雷之势踢出他的"小鸡腿"，整个人向对手冲过去。"呀！哎呦！"阿吉躲避不及，被力克这猛烈一击，仆倒在地上。

力克也因冲力太大，身体倒在地上，天旋地转地翻滚了好几圈才停下来。

力克稳住身体，等他再次回过神来时，看见阿吉倒卧在地上，双手掩着流血的鼻子，一副痛苦不堪的样子。

围观的同学们都看得目瞪口呆！

谁都没料到个子矮小的力克竟然会打倒霸气张狂的阿吉！

这一战阿吉惨败。

阿吉在地上躺了一阵子之后，便掩住受伤的鼻子爬起身，悄悄地溜之大吉。

他的伤势如何？有没有大碍？

自那天之后，再没有同学在校园内见过阿吉。想必他是退学了！？

虽然力克打架赢了，但他心里却没有半点高兴。

力克本来就最讨厌自己被欺凌，这次自己却以暴制暴，而且还打伤了别人，他深深感到后悔和内疚。

阿吉，不知道你会不会看到这个故事，力克一直很想跟你道歉："对不起！阿吉，请你原谅我！"

对不起！

管理愤怒的情绪

请记住：暴力是不能解决问题的，只会带来伤害！

虽然力克是基于遭受到阿吉的欺凌和挑衅才以暴力来回应他，但"以牙还牙、以眼还眼"的做法，其实是不恰当的行为！这是力克一生之中唯一一次打架，事后他感到非常不安和愧疚。

如果面对欺凌时不应以暴力回应，那么我们又应该怎么办呢？

下次当你因遭到挑衅而感到愤怒的时候，试试如下处理方法：

1. 先深呼吸，让自己平静下来。

2. 冷静下来后，细想一下对方挑衅自己的意图。

3. 如果情况允许，尝试平心静气跟对方谈判。

4. 假如还是感到气愤难当，请别再跟对方纠缠下去，尽快将事情告诉可靠的师长，让他们协助自己处理问题。

其实说到底，在我们身边多一个朋友总是比多一个敌人好！美国第十六任总统亚伯拉罕·林肯就曾说过一句话："一旦我和敌人交上朋友，也就击败了敌人。"从与人为敌变成与人为友，这意味着我们获得了最后的胜利——从失去朋友变成得到朋友。

没有人愿意跟暴躁凶恶的人相处，我们也要好好学会控制自己的愤怒情绪，做个和善可亲的人。

因你而改变的小思考

· 回想一下，你上一次发怒是因为什么呢？

· 当别人批评你时，你有没有想过背后的原因？

· 你到底有没有哪里做得不好，惹来别人的批评？

· 如果别人无理取闹地挑衅你，你会如何面对？

第五章

力克的抉择

每个人在少年时代，都会树立自我形象，同时也希望能够得到朋友的认同，融入群体的生活中，力克也有过这样的经历。

在学校里，一大群同学围在一起，讲笑话，唱流行歌曲，打电子游戏，假如有人不参与、不融入，就会被认为是个"孤僻怪"！

进入中学后，力克有一段时间也曾经为了得到别人的认同和接纳，就去模仿身边同学的言行，好让自己可以成为他们当中的一员。

当时，力克身边的几个同学带头说粗话，随后竟然有越来越多的同学也跟着说这类难听的甚至是诅咒别人的话。

受朋友的影响，力克也跟着这些同学嘻嘻哈哈地乱说一通。

大概是在学校里说习惯了，有一次，力克在家里也不自觉地把粗话溜出了口，妈妈听见了，不禁皱

着眉头问："力克，你怎么会说出这样的话来？"
妈妈的质问让力克自我反省：明知道说粗话是不对的行为，那自己为什么还要说呢？

后来，力克又发现有同学抽烟，他们躲在老师看不见的角落，装着很酷的样子，叼着香烟，吞云吐雾。

哲奇是其中一个抽烟的同学，他也曾经怂恿力克抽

烟：“你要尝一口吗？”说完还拿出香烟，体贴地
递到力克的嘴边，准备让他吸。

朋友之间，如果大家都抽烟，那自己应该怎么办？

为了让自己被接纳而要一同抽烟吗？

在力克感到迷失自我的时候，他记
得约翰叔叔曾经这样教诲过他：

“我们每个人都有选择的权利。

每个人的幸福快乐，都应该
由自己负责。”

力克也记得父母对他说过：

“吸烟危害身体健康。”

他知道每个人都要爱惜
自己的身体，尤其自己
已经没有手脚，如果因为

吸烟而影响肺部健康或染上其
他疾病，那岂不是自作
自受？

力克此刻看着哲奇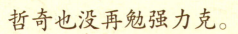
手上的香烟，心里
已经做了决定："不
用了，谢谢你，哲
奇，我不抽烟。"
力克摇摇头，拒绝
了同学的好意。

哲奇也没再勉强力克。

力克曾经非常介意自己会被朋友排挤，但约翰叔叔
说得对，我们每个人都应该忠于自己的意愿，去做
自己认为对的抉择。

在力克就读的学校里，每逢星期五都会有一场基督徒午餐祈祷会，力克本来想参与，可因为他曾听见班上有些非基督徒的同学嘲笑这种活动既无聊又浪费时间，于是便打消了参加的念头。

想一想，为什么力克要害怕别人的讥笑而违背自己的意愿呢？

凡勉强自己做一些自己不认同的事，或者压抑自己不去做自己认为对的事，都不会令自己感到幸福快乐，甚至只会为自己带来痛苦。说实在的，这简直是一种自我欺凌的行为！

你有没有想过，原来欺凌自己的人，就是你自己？

你有没有选择去做忠于自己意愿的事情？

为自己做抉择

在现实生活中，我们会遇上各式各样的人，当中有值得交往的，他们会真诚地对待自己，不会强迫自己去做一些不情愿的事情。

我们永远不要为了获得朋友的接纳和认同，去做一些自己认为不正确的事情。每个人的幸福快乐，都应该由自己负责。

正如力克知道抽烟对身体健康有不良的影响，于是他拒绝了。

他知道自己信仰基督并不是可耻的事情，于是他不再因为害怕别人的嘲笑而压抑自己对信仰的追求。

我们每个人都应该有自己对事情的观点和看法，并且发现自己存在的价值，不要轻易受别人的摆布，也不必盲目跟从别人。一个由信念支撑的抉择，能够让我们拥有更美好的人生！你知道一个叫"吸引力法则"的人生秘密吗？那就是由建立自己的信念开始，选择去相信美好的人与事，那么，好人好事自然便会被你吸引而来！

因你而改变的小思考

· 你害怕孤单一个人吗？
· 你有没有试过因为希望得到朋友的认同而勉强自己去迎合别人？
· 在跟从别人的看法时，你有没有先问问自己内心的意愿？
· 当出现跟别人意见不同的情况时，你如何面对？有没有试过解释自己的看法？

第六章

真正的朋友

从小时候开始，力克就因为自己没手没脚而不断受到各种形式的欺凌。

很多人会用歧视的眼光看待力克，光是这种嫌弃的眼神便给他带来一种无形的伤害。

有人会嘲笑力克，他听了心里十分难受。

有人甚至会动手欺负力克。

力克一直被视为异类，他很害怕孤独寂寞，心里
很希望交到朋友。

在少年时代，力克渴望朋友的认同、接纳，于是他
努力模仿朋友的言行举止，尝试改变自已，去迎合
朋友的喜好，例如，他试过跟着朋友一起说粗话。

可是，力克还是强烈地感到不快乐。为什么呢？

因为力克的所作所为，都不是依从自己的意愿，他跟这些所谓的朋友在一起，只是感到迷失了自我。

力克知道自己不能长此下去，于是他下定决心，提醒自己不要再说粗话。

其中有两个同学察觉到了力克的改变，于是问他："你为什么不想再说了？"

"我是在信仰基督教的家庭长大的，我知道说粗话是不对的。"力克不再隐藏自己的心事。

不过，力克已经习惯说粗话一段日子了，要想马上改掉，也不是件容易的事。而作为力克的朋友，小葛和小恩表示支持力克，他们甚至出主意帮助力克戒掉这个坏习惯。

"我有个提议啊，每次当你抑制不住想脱口而出

'你去死吧'时，你就立即改口说'你去火星吧'！"小葛提议说。

于是力克真的尝试按照小葛的方法去做，不过不太奏效。力克认为，与其改说其他话来代替粗话，不如干脆彻底远离那些说粗话的人，他更看

重自己的言行是不是对别人有益处。

日子一天天过去。有一天，力克算了一下，发现
自己已经有十一个月零三周没有再说粗话了！
他终于成功地戒掉了这个坏
习惯！

然后，力克不再忌讳
自己是基督徒的身份，他
主动跟基督徒
同学交往，能够跟志
趣相投的朋友在一

起，力克感到无比舒适
和快乐。

力克不再为了得到非基督徒朋友
的认同而刻意改变自己来讨好他们，他按照自己
的意愿去结交朋友。

真诚地对待自己的心，而且选择真正与自己投缘
的朋友在一起，力克恢复了自信心，也获得了幸

福快乐！

而世事真是奇妙，那群还在说粗话、抽烟的同学，看见力克现在有一大堆良朋知己陪伴左右，他们知道力克已不再受他们的唆使和摆布了，大概是觉得没趣吧，他们从此再也不打扰力克了。

真正的友谊

我们不需要改变自己去赢得朋友，真正的朋友不需要我们勉强自己改变来讨好他们。

真正的朋友不会嫌弃你的外表不够漂亮，他们会在你有需要的时候帮助你。

因为真正的友谊，不只是互相接纳，还有对彼此付出关爱。

特蕾莎修女在谈到人与人之间的相处之道时曾说过："重要的不是我们给予多少，而在于我们给予时付出了多少爱。"

我们结识一个人，能否与其成为真正的朋友，关键在于彼此有没有用爱心交往。

当你埋怨或害怕自己没有真正的朋友时，请现在就做出改变，问问自己："我有没有先主动去关怀别人？"

如果你从来不主动关爱别人，那就尝试从今天开始改变吧！

爱人如己，关爱他人，你一定会获得经得起风浪、不离不弃的友情。

因你而改变的小思考

- 你认为朋友对自己重要吗？
- 你认为在网上结识的人可以成为你真正的朋友吗？
- 你认为在真正的友谊中，朋友间该如何相处？
- 你是如何对待身边的朋友，以及维护彼此的关系的？

第七章

朋友，给我一个拥抱吧

没手没脚的力克曾经因为被欺凌而极度沮丧，他听过很多关于自己这也不行、那也不行的调侃嘲笑，令他非常难堪……

别人随口说出的一个小笑话，却对力克构成了极大的伤害，从小时候到少年时代，力克都害怕面对别人，他对未知的将来充满担忧，在十岁时萌生了自杀的念头。

你有没有想过，欺凌者就是谋杀者？

幸好力克得到了父母的关爱及身边朋友的鼓励，在十五岁时又因为信仰基督而找到了生命意义和人生目的，不再活在由别人所定义的价值观里。

过去，力克总以为自己是世界上最孤独、最无助的人，他被欺凌、被耍弄，但当力克到世界各地演讲、分享自己的故事时，他发现原来欺凌问题无处不在！

那就像是世界性的流行性传染病，只要有人的地方，就有欺凌的现象存在。

别人总是盯着你的各样缺点，以此来欺负你或无聊

地拿它作取笑你的笑点。力克因为没有手脚而被欺负，其他人则可能因为眼睛小、嘴巴大、头发粗、个子矮、身体胖，或是其他不同的状况而成为被别人嘲笑的对象。

你也曾因此受过伤害吗？或者你是否曾经嘲笑过别人？

力克在学校里曾多次被嘲弄，有一次他终于不再怯弱，反问那个欺凌者："你为什么要这样对待我？"

恶霸总是挑胆怯的人来欺负，他没想到力克这次不再忍气吞声，他反而心虚起来。

他挠挠头皮，又揪揪鼻子，然后吞吞吐吐地说："我……我不过是……开开玩笑罢了。"

恶霸为什么会成为恶霸呢？原来这个同学在低年级的时候，也曾经受到别人的欺凌，他一直压抑着心里的愤怒，等待着宣泄的机会，等他长大了，便充当起欺凌者的角色！

勇敢的力克如今就站在他面前，恶霸猛然想起了当年那个被欺凌的自己，他也有过被伤害的惨痛经历。

恶霸原来一直都只是虚有其表，他感到很惭愧，于是向力克道歉，更让他没想到的是，力克竟会原谅自己，而且还跟他说："好的，我们从今以后做朋友！兄弟，给我一个拥抱吧！"

每个人背后都有自己的故事，过往的经历影响着未来的发展，虽然已经发生的事情没办法改变，但我们都能够改变现在的自己，然后由此改变未来。就像力克和这个恶霸，只要大家改变态度和想法，原本敌对的两个人终于和解，变成了朋友。

宽阔的胸襟

欺凌他人的人，表面上看是强大的一方，然而力克的经历告诉我们，有广阔的胸襟去宽恕别人的人，才是人们眼中真正的巨人。

如果为此生气，就犹如拿别人的错误来惩罚自己！

宽恕，能让自己释怀，也可以打破人们之间的隔阂。

知道自己做错了而会说"对不起"的人，是勇气可嘉的。

我们敢说自己从不会犯错吗？正因为没有人是完美的，所以我们都需要有一颗宽恕之心。

在自己做了错事的时候，我们总希望得到别人的宽恕；反过来，当别人冒犯了自己，我们有没有宽恕别人呢？

宽恕，能够让不和的关系得到和解。

更进一步，我们应该学习体谅和关爱别人，多聆听对方的感受，以此来修补值得珍惜的人际关系。

世界上人与人之间之所以能和平共处，就是因为人们拥有宽恕和体谅的心。

因你而改变的小思考

· 你曾经做错过什么事情？
· 当你知道自己做错了事，有没有勇气向别人说"对不起"？
· 当别人做错了事、冒犯了自己，事后对方也真诚地道歉，你是否应该宽恕他/她呢？
· 带着对别人的怨恨过日子，你心里会有什么感觉？
· 你觉得这个世界可以怎样变得更和平、更美好？

第八章

做个"好撒玛利亚人"

在《路加福音》第10章25至37节里记载了一个故事，大意如下：

有一个律法师问耶稣："我该做什么才可以得到永生？"

耶稣说："那律法上写的是什么呢？"

他回答说："你要尽心、尽性、尽力、尽意爱主你的神；又要爱邻舍如同自己。"

耶稣说："你回答的是。你这样行，就必得永生。"

律法师再问耶稣："那么谁是我的邻舍呢？"

接着，耶稣向他说了一个比喻——
从前有一个犹太人，他从耶路撒冷到耶利哥去，

不料在路上遇到了强盗。

强盗剥去了他的衣裳，把他打个半死，就丢下他离开了。

之后，有一个祭司路过，他看见了这个垂死的人，没有理会就走开了。

又有一个利未人来到这个地方，他同样看见了这

个躺卧在地上受伤的人，也走开了。

唯有一个撒玛利亚人经过，看见伤者，就动了善心，上前为他包扎伤口，又把他扶上自己的驴，带他到旅店里去照顾，让他休息。

第二天，撒玛利亚人要赶路，便拿出银子来交给店主，说："请你照顾他，倘若不够，所欠的所有费用，我回来必还给你。"

讲完之后，耶稣问律法师："你认为这三个人之中，哪一个是落在强盗手中之人的邻舍呢？"

他说："是怜悯他的撒玛利亚人。"

耶稣说："你去照样行吧！"

在故事里，被欺凌的人躺卧在人来人往的路上，祭司和利未人看见了伤者都没加以理会，就离开了。

试想：假如好心的撒玛利亚人并没有出现，这个受强盗凌虐而受伤的犹太人，最后还能够保住性命吗？

据《圣经》记载，撒玛利亚人一直被视为次等不洁的族裔，犹太人总是敌视及远离撒玛利亚人，两者之间不相往来。然而，耶稣却教导人们应该要"爱邻舍如同自己"。

那么谁是"我的邻舍"呢？

耶稣所说的"邻舍"，并不仅是我们本身认识又亲近的人，而是只要我们愿意，任何人都可以成为我们的邻舍。而且我们可以主动去关爱别人，无论那个人是自己的亲友，还是陌生的人。

欺凌是一种伤害别人的可耻行为，我们都不要成为欺凌者。

而当遇见欺凌事件发生时，对于需要援助的人，我们在有能力的情况下，请不要袖手旁观——或上前制止，或举报揭发，而不要成为默许欺凌发生的共犯。

杜绝欺凌，爱人如己，我们都要做个"好撒玛利亚人"！

为生命带来改变

"好撒玛利亚人"（Good Samaritan）即见义勇为、乐善好施的人。

美国和加拿大等一些国家已推出了《好撒玛利亚人法》（*Good Samaritan laws*，或称《无偿施救者保护法》），这是一项针对施助者对急需帮助的人救助时的免责法案，鼓励人们对遭遇困难的人提供援助，免去其后顾之忧，即不用担心因救助而造成伤亡时会被追究责任。

在欧洲大多数国家的民法（civil law）中，更将紧急情况下不施以援手的行为定为刑事罪，例如在安全的情况下，法律上要求每个司机遇到事故或事件时，都要停车援助有需要的人。

力克本身曾经因遭遇欺凌而萌生自杀的念头，幸好他得到父母及朋友的鼓励，也因信仰而得力，坚强地站起来。

如今力克到世界各地向青少年演讲，他分享自己的亲身经历，盼望唤醒人们正视欺凌的问题，这也是见义勇为的一种行动呢！

其实，即使没有《好撒玛利亚人法》，每个人出于善良、关爱、怜悯之心，在自己能力所及的情况下，都应该向有需要的人伸出援手。

你有没有听说过一种叫"蝴蝶效应"的现象，说一只蝴蝶在非洲扇动羽翼，它的微小动作有可能给地球的另一端带来风暴！

一个人的力量也许是微小的，但我们可以从自己开始努力行善，让好人好事越来越多。例如你先给别人一个微笑，这个人感到心情愉快，也会给下一个碰到的人一个微笑……就像在心里种下一颗种子，然后用爱浇灌，以爱滋养，令其开花结果。

从心开始，每个人都可以行善，为自己和别人的生命带来改变，由此创造更美好的世界！

为生命带来更新，即使是微小的，一切也会因你而改变！

因你而改变的小思考

- 你认为自己是一个"好撒玛利亚人"吗?
- 你在早上跟邻居碰面时,有没有先给对方一个微笑,道一声"早安"?
- 你在车厢里看见老年人或有需要的人,有没有给他们让座?
- 当你向别人伸出援手,帮助别人解决了难题,你心里会有何感受呢?
- 你有没有想过可以为自己和他人的生命带来改变,甚至能够令世界变得更加美好呢?

生命因你而改变

继 前作《亲爱的，给我一个拥抱》《拥抱大梦想》及《神采飞扬》后，我们再次推出了《生命因你而改变》，分享力克如何面对及克服被欺凌的困境，同时也借此向力克学习如何蜕变的人生八堂课。

因为天生没有手脚，力克小时候曾遭遇过各种各样的嘲讽、调侃、戏谑、欺侮，小力克在欺凌者面前无力反击，精神上受到很大创伤，连锁反应是经常会害怕得腹痛发作、夜里噩梦连连……

少年时代，力克身边有些为非作歹的同学会以说粗话、吸烟、戏弄别人等为乐，力克因不想被朋友孤立和取笑，也不希望自己被贴上懦弱者的标签，竟然也曾经勉强自己与这帮人同流合污，说粗话，以为这样子就可以在圈子中被接纳，人也会变得更酷、更有型，结果却令他感到迷失了自我。

十岁时，力克因看不见自己的将来，他甚至企图自杀，一死了之，幸好得到父母亲的循循善诱，后来又有了信仰，渐渐建立起了人生信念，重新找到了活着的价值。在这个过程中，一切外在的因素其实并没有改变，关键是力克改变了自己内在的想法，他渐渐明白和学会了——

1. 我们每个人都是不一样的

2. 每个人都应该接纳自己的与众不同

3. 建立一颗同理心

4. 管理自己愤怒的情绪

5. 为自己的生命做抉择

6. 寻找真正的友谊

7. 拥有宽恕的胸襟

8. 为生命带来改变

当别人取笑自己软弱无用、形象怪异时，你会如何面对？当朋友都在吸烟、说粗话时，明知这一切都是不对的，你还要照着去做吗？

请记住，自己的幸福和快乐，由你自己负责！生命的改变，因你自己而发生！

人无法控制外在的环境，但做抉择的人始终是自己。力克之所以能够走出被欺凌的阴霾，活出充满阳光的人生，关键是，改变自己！

编著者简介

何国伟，香港中文大学工商管理硕士，有多年的注册会计师从业经验。2003年起，他毅然放下注册会计师一职，成立了两个慈善机构——乐苗基金和香港城市青年交响乐团，用音乐服侍大众。2008年，他将力克·胡哲介绍进中国。从那时起，他一直负责力克在亚洲的事务管理、基金募集和公共宣传。他与力克都是梦想家，立志活出丰盛的人生，勇于向充满无限可能的生命发起挑战。他们都怀着同样的热诚，不仅期望自己能成为有益于社会的人，更鼓励年轻人拥有远大梦想，不轻言放弃，追求更远大崇高的人生目标。

在一起服侍的时光中，他们既是知己也是同工，一起访问了亚洲的十多个国家，通过布道和讲座分享，为数百万人带去了爱和希望。

2013年，何国伟出版了力克第一张音乐唱片、第一部绘本，更加多元地传扬力克那触动人心的生命故事和心灵爱语。

编著者简介

阿丁（Ding），自由撰稿人、优秀的图书编辑、独立出版人。在香港出版业有十几年的专业出版经验。策划的选题赢得香港多项图书大奖，如获得2010年杰出出版物奖的《梁醒波传记：一位著名的粤剧演员》，香港图书奖的《乡村孩子心中的爱》（2011年）、《在你生命的每时每刻》（2008年）。

自2012年年底开始，与乐苗基金创办人何国伟及插画师芝麻羔一同以图文形式改编力克·胡哲的生命故事，出版了《亲爱的，给我一个拥抱》《拥抱大梦想》《神采飞扬》及《生命因你而改变》。其中《亲爱的，给我一个拥抱》已有十个语种的版本。

2013年，成立格子工作室。有绘本、漫画小说、儿童文学、小说和非小说等出版物。

插画师简介

芝麻羔，生于香港，长于香港，有三十多年的插画师从业经验。他用一双炯炯有神的小眼睛观察世界，从三岁起就开始作画。他的画作鲜活生动，用热情和憧憬表达着爱。他曾为多位著名作家做图书设计，包括倪匡、李纯恩、李之晴、Ah Nong和天航。

近年来，他受邀与佐丹奴、兹曼尼、幸福医药有限公司等几家机构合作，共同打造激励人心的作品，旨在触动人们的心灵、抚慰人们的灵魂。

2010年，他为香港邮政局创作了《香港街道》主题画作。同年，他开始在全球范围内推广他的作品。2012年，在香港城市青年交响乐团的一次演出上，乐苗基金邀请他现场表演。2013年，他在Sky Post网站上开通了他的每日专栏"梦想之旅"。

芝麻羔经常受邀为学校里的青少年演讲，分享他作为插画家的经历，教他们绘画的技巧。在每次的分享中，他都不遗余力地鼓励青少年追求自己的梦想。